MW01707992

De la part de :-

A :-

Autres livres de la collection "Les Livres-à-aimer"

A la femme que j'aime
A l'homme que j'aime
A toi que j'aime
Pour des jeunes mariés extraordinaires
Bonjour bébé
Pour un couple extraordinaire
Pour une maman extraordinaire
Pour un papa extraordinaire
Pour une belle-maman extraordinaire
Pour une fille extraordinaire
Pour un fils extraordinaire
Pour une sœur extraordinaire
Pour un frère extraordinaire
Pour un grand-père extraordinaire
Pour une petite-fille extraordinaire
Pour un petit-fils extraordinaire
Pour une marraine extraordinaire
Pour une tante extraordinaire
Joyeux anniversaire (jeunes adultes)
Anniversaire extraordinaire (40 ans)
Anniversaire extraordinaire (60 ans)
Vœux de bonheur
Pour une amie extraordinaire
Dans des moments difficiles
Joyeux Noël
Merci à une maman extraordinaire
Merci à un papa extraordinaire
Merci à un ami extraordinaire

13, rue de Genval B-1301 Bierges
Tél. : 32-(0)2-654.05.02 • Fax: 32-(0)2-652.18.34

Un Livre-à-aimer Helen Exley © 1991, illustré par Juliette Clarke,
écrit par Pam Brown et adapté par Bernadette Thomas
Imprimé en Chine
ISBN 2-87388-275-1 DL/7003/02/32
12 11 10 9 8 7 6 5 4

Pour une GRAND-MÈRE *Extraordinaire*

Rappelez-vous qu'avoir une grand-mère est un des plus beaux privilèges de l'enfance.

UN LIVRE-CADEAU HELEN EXLEY

Ce sont les bonnes-mamans
qui gardent le mieux les secrets.

...

C'est d'une voix tonitruante que
les grands-mères appellent au secours...
lorsqu'elles croulent sous le poids
de leur cabas.

...

Dans leur for intérieur,
les grands-mères ont environ vingt ans.
Mais parfois six.

...

Les bonnes-mamans ne disent pas
simplement "c'est bon",
elles chancellent un peu,
roulent des yeux
et lèvent les mains au ciel et sourient.
Vous en avez pour
votre argent avec elles!

...

UNE GRAND-MERE, C'EST QUOI AU JUSTE ?

Les grands-mères sont des personnes qui sont ravies
d'écouter la respiration des bébés au téléphone.

...

Les grands-mères sont faites pour s'y blottir
comme dans un édredon;

...

Les grands-mères dégustent tout ce que
vous leur préparez et disent que c'est délicieux, même
si c'est granuleux ou beaucoup trop gras.
Je me demande si elles n'ont pas un estomac spécial.

...

Les mamies n'hésitent pas à s'asseoir par terre
pour jouer, mais elles ont
beaucoup de difficulté à se relever.

...

Les sacs à main des grands-mères n'ont pas de fond.

...

Les mamies vous apportent des fleurs
quand votre hamster est mort.
Elles s'asseoient et pleurent avec vous.

...

LES BONNES-MAMANS

Les bonnes-mamans chantent d'une voix
un peu cassée mais très jolie.

...

Les bonnes-mamans nous donnent
un verre de porto plein à ras bord.

...

Parfois, bonne-maman fait la course avec
moi jusqu'au prochain réverbère... elle s'asseoit
ensuite sur un muret et devient toute rouge.

...

Bonne-maman prétend qu'on peut lui verser
une tasse de thé par téléphone.

...

Bonne-maman s'est montrée très intéressée par
ma petite grenouille, qui a disparu
mercredi dernier dans la prairie.

...

Les bonnes-mamans ont de vieilles jambes,
mais un coeur encore jeune.

…

Toutes les bonnes-mamans adorent recevoir des lettres,
même si ce sont des gribouillis pleins de traces de doigts.

…

Notre bonne-maman est tout à fait capable de
monter une échelle, si on lui en laisse le temps.
Mais il ne faut pas la pousser…

Les bonnes-mamans savent comment tournait
le monde avant notre naissance.

…

Les bonnes-mamans détestent les tyrans.
C'est grâce à cela que le monde survit.

…

Tout le monde a besoin d'une bonne-maman.

…

UN NOUVEAU BÉBÉ À AIMER

Je pensais avoir oublié comment tenir un bébé,
mais mes bras s'en sont souvenus.

...

Un jour, nous avons cru que nous étions
enfin libérés de la charge de nos enfants,
de leurs problèmes, de leurs attentes.
Mais nous nous sommes retrouvés peu à peu
entourés, débordés, une nouvelle fois,
par les besoins de nos petits-enfants.
Et par leur amour.

...

A peine a-t-on rangé le dernier ours en peluche
dans le grenier que déjà il faut le redescendre.

...

Qu'est-ce qu'on ressent quand on devient grand-mère ?
On se sent toute drôle d'avoir sa propre fille là,
avec un bébé à elle sur les genoux....
C'est fou et bon !
Quel délicieux bonheur tout neuf !

...

Ah ! Ces petits cris d'étonnement,
ces soupirs de bonheur,
tous ces petits signes de plaisir
depuis longtemps abandonnés quand
nos enfants sont devenus grands
et indépendants
et qui nous reviennent
avec nos petits-enfants !
On dirait que ce sont les mêmes petites mains qui
prennent les nôtres pour nous tirer ici et là:
" regarde !... oh !... regarde!
viens...vite !"

...

Quand nous sommes petits, nos mamans choisissent
ce qui est le mieux pour nous.
Et nos grands-mamans ce qui est le plus marrant.

...

GRANDS-MERES ET PETITS-ENFANTS, UNE FAMEUSE ÉQUIPE !

Les grands-mères, comme les enfants,
vivent au jour le jour.

...

Les grands-mères et les petits-enfants aiment prendre
leur temps pour regarder les papillons et parler au chat.

...

Les mamies et leurs petites-filles qui partent ensemble
pour la journée, ont toujours l'air de ne pas trop savoir
si elles vont s'en sortir sans problème.

...

Une fille devrait toujours dire qu'elle ne remarque pas
la complicité qui existe entre sa mère et ses propres enfants.
C'est mieux, en effet, de rester à l'écart
de ces étranges complots.

...

Bonne-mammy fait passer discrètement sur son
assiette les légumes que je ne veux pas terminer.

...

Les grands-mères semblent toujours d'accord avec
les mères - mais elles arrivent à les faire changer d'avis,
un petit peu !

...

GRAND-MERE, TU ES SI BONNE

Une bonne grand-mère nous écoute raconter
en détails tout le film qu'elle a regardé
elle aussi, la veille, à la télévision.
Avec un intérêt remarquable.

Les grands-mères ordinaires disent
qu'elles vont manger le bonbon
-tout poussiéreux- que vous lui donnez.
Une BONNE grand-mère mange
réellement ce bonbon. Avec la poussière.

...

Une bonne grand-mère veut bien
que je me glisse dans son lit
à deux heures du matin.
A condition que je ne remue pas trop.

...

Cependant, même une excellente grand-mère
risque d'utiliser un langage tout à fait
inattendu si vous lui jouez
un air de flûte à cinq heures du matin.

Une bonne grand-mère ne nous embrasse
que si nous en avons envie.

...

Les grands-mères doivent connaître des histoires.
Avec des livres, ou bien à propos de votre maman
quand elle était petite.
Des histoires de " quand MOI j'étais une petite fille".
Des histoires dont on peut être presque sûr
qu'elles sont vraies.
D'autres qui sont vraiment vraies,
"croix de bois croix de fer, si je mens je vais en enfer".

...

Les grands-mères doivent aussi connaître des
berceuses, et le nom de toutes les plantes,
de chaque arbre, de chaque oiseau, de tous
les animaux, et de tout ce qui est étrange
et merveilleux dans la nature.
Les grands-mères doivent être capables de dessiner
des maisons et des chiens, des chats et des mamans,
des papas et NOUS-MEMES.
Les grands-mères doivent être pleines de bon sens,
gentilles, compatissantes et justes.

Granny m'explique les fractions mieux que
n'importe qui.
Elle prend pour cela des morceaux de
chocolat. Puis, quand on a fini,
elle me laisse manger tout.

...

Les grands-mères sont pleines de
compassion quand on ne sait pas
faire son travail scolaire et
nous montrent très
calmement et avec
astuce que ce n'est
pas impossible
du tout.

LE MEILLEUR DES PROFESSEURS

Chère Mamie, merci de m'avoir appris à faire
des noeuds et à tricoter. A mouler des caramels
et à cuire du pain. De m'avoir expliqué les étoiles
et comment prendre soin de mon chat.
Merci de m'avoir fait découvrir Mozart,
Jules Verne, les Beatles, Van Gogh, Renoir et
Picasso, Charlie Chaplin et Jean Gabin.
Merci pour les règles du tennis.
Pour la valse. Pour les os du squelette, la canasta
et le dessin. Pourquoi un avion ne tombe pas,
ce que mange un écureuil, qui est ce
Monsieur Beauffort avec son échelle.
Tu m'as aussi parlé du bouche-à-bouche, des coquelicots
et des pivoines, de la valeur de l'étalon-or, sans oublier
Martin Luther King, Mai 68 et le Mur de Berlin.
Et comment se rattraper quand on glisse
sur le verglas. Comment faire la révérence.
Tout ce qui sera utile, un jour ou l'autre.

...

ETONNÉE D'ETRE "GRAND-MERE"

Devenir grand-mère est merveilleux.
Un jour, on est simplement une mère,
le lendemain, on est une dame respectable
et quasi préhistorique.

...

Cramponne-toi : il ne faudra pas longtemps
avant qu'on ne te demande, pour
un cours d'histoire, comment c'était
" quand tu étais jeune" ?

...

Intelligente, spirituelle, compétente, douée.
Une dame très impressionnante... surtout
quand elle est assise par terre avec
plein de plumes dans les cheveux !
Une épouse charmante,
une merveilleuse mère.
Et maintenant une splendide grand-mère.

...

Quand tout vacille et que vous
vous sentez partir en petits morceaux,
voilà que s'amènent vos petits enfants et
qu'ils vous rapportent votre jeunesse
comme dans une pochette-surprise.
- " Viens, mamie, debout !"
Et vous recommencez tout, depuis le début.

...

Les grands-mères se rendent compte
qu'elles sont devenues vieilles, le jour où
leurs petits-enfants les soumettent
à un examen détaillé : les rides,
les taches brunes, les veines bleues,
les poils de la moustache, les bajoues...
Et de commenter avec une grande amabilité :
" tu es TRES vieille, bonne-maman, n'est-ce pas ?"
A ce moment là, évidemment,
il faut bien accepter son âge.

...

EN FORME ! A LA PAGE ! ET SI JEUNE !

Je n'ai rien de la grand-mère classique
des livres d'enfants. je ne porte pas de mitaines
ni de châle. Je n'ai quasi pas de cheveux blancs.
Je suis plutôt non conventionnelle et j'ai un
penchant pour l'aventure. Dieu merci !

...

Quelqu'un ne t'a-t-il jamais dit que, maintenant que
tu es grand-mère, tu dois être vieille ?
En fait, non.

...

Personne ne s'amuse autant sur un toboggan
qu'une grand-mère.

...

Les petits-enfants sont fascinés par le fait que
leur grand-mère - qui a une si vieille peau
et de si vieux os - soit pourtant, de toute évidence,
dans son for intérieur , quelqu'un du même âge qu'eux.

...

Qui, dans notre famille, peut aller et venir librement,
parler librement, cuisiner librement, tout faire librement,
y compris aimer ? Qui, sinon grand-maman ?

...

En toi, bonne-maman, nous avons un
Modèle Révisé de Luxe de Grand-Mère.
Le même coeur que les modèles ordinaires, mais avec
les tout derniers perfectionnements !
Et pourtant tout aussi câline.

...

C'est extraordinaire qu'une dame mûre
et respectable puisse passer une nuit entière
assise en tailleur, à même le sol, et jouer
du tambour en fer-blanc, caqueter comme un canard,
chanter tous les couplets de " en passant par la Lorraine ",
faire des origamis, dessiner des cochons et recoudre
les oreilles d'un vieil ours en peluche tout abîmé.

...

C'est dur d'être grand-mère. On le devient au moment précis où on arrive à prendre suffisamment de recul par rapport à sa propre vie pour voir enfin ses erreurs et ses limites. Et l'on doit regarder son enfant entrer dans la vie en faisant les mêmes erreurs, en se cognant aux mêmes limites... et on est impuissante ! La seule chose à faire, c'est être là. Peut-être faire cadeau de son expérience, mais tout doucement, l'air de rien.

LES GRANDS-MERES ET LES MERES

J'imagine qu'une grand-mère du 19ème siècle
regardait de haut sa fille s'occuper d'une façon bien
personnelle de son premier bébé, et se mordait
les lèvres en espérant qu'elle savait ce qu'elle faisait.
C'étaient des grands-mères style Napoléon III,
des dames à manteaux de fourrure,
avec des triples rangées de grosses perles.
Les oiseaux se débrouillent très bien,
faisant tout exactement comme leurs ancêtres ,
sans avoir besoin d'une grand-mère emplumée
au-dessus de leur épaule. C'est peut-être une partie
du prix à payer pour être humain... mais, toi,
attends seulement une quarantaine d'années et
ce petit bout de visage rouge sera à ma place,
regardant SON enfant avec autant d'admiration,
de respect et de douce inquiétude .

...

Les parents pensent souvent que leurs enfants
sont non pas Difficiles mais vraiment Impossibles.
Cela aide beaucoup de leur rappeler,
d'un clin d'oeil complice, combien EUX aussi
étaient Difficiles et Impossibles.

...

MERCI, GRAND-MAMAN

Merci d'avoir été si compatissante
à propos de mon horrible nouvelle école -même si
tu te souvenais secrètement très bien que je pensais
la même chose de l'école précédente.
Merci d'avoir été de mon avis
pour tout ce que je disais à propos de
cette horrible Madame Durand...
que tu n'avais jamais rencontrée.
Merci de m'avoir dit que toi aussi,
à mon âge, tu détestais les épinards et la soupe
au potiron. Merci de m'avoir aidé à organiser
de belles funérailles pour mon poisson rouge.
Merci d'avoir convaincu mes parents que,
vraiment, je m'en sortirai.

...

Très chère bonne-maman, merci de
m'avoir fait comprendre que j'avais ma place
dans l'humanité d'aujourd'hui. Merci de m'avoir
expliqué que les ancêtres sont des gens comme moi
et que tout le monde est plus ou moins cousin.
Merci d'être ma grand-mère et ma meilleure amie.

...

Merci, mille fois, de ne pas t'attendre
à ce que je sois
tout le temps raisonnable.

. . .

Merci de nous faire ressentir que nous avons
TOUS de la valeur.

. . .

Quand personne ne veut nous écouter,
les grands-mères, elles, écoutent.

…

Les grands-mères sont bien placées
pour nous dire : “ ça ne fait rien,
mon chéri, ça passera. VRAIMENT.”

…

Ce qui fait que les grands-mères sont
extraordinaires, c’est qu’elles sont
toujours là pour nous. Toujours.

…

Il y a toutes sortes de grands-mères,
toutes différentes dans leurs allures,
leur réseau de rides, leur langage, leurs vêtements,
leur peau, leur degré de vieillissement.
Mais toutes ont exactement
le même amour au fond du coeur.

...

Les grands-mères sont expertes à rassembler
les débris d'un objet cassé en mille morceaux,
et à le réparer.

...

Les grands-mères sont faites pour aller
de l'avant, créer un chez soi chaleureux,
donner aux enfants une étoile à
suivre dans leur vie.
Elles distinguent bien ce qui est
important de ce qui ne l'est pas.
Elles nous donnent le sens des proportions.

...

Chère Bonne-Mammy, je souhaiterais
avoir ton bon sourire et tes gentilles mains.
Je voudrais aussi avoir ta ténacité.

...

J'aimerais que tous les enfants qui ont peur,
qui sont seuls, malades ou maltraités,
aient une grand-mère vers qui se précipiter.

...

J'aime te tenir les mains, Granny. Elles me
parlent du temps d'avant ma naissance.
Elles me protègent du monde extérieur.
Elles m'assurent que je suis quelqu'un de bien.

Les grands-mères ont dans leur tête un monde
que vous n'avez pas connu. Maintenant, elles vous
le donnent à garder dans votre propre mémoire.
Afin que vous puissiez à votre tour le donner à
vos petits-enfants. Prenez-en soin.

...

"Aime et sois aimé " disent les grands-mamans.
" Apprends à faire les choses suffisamment bien
pour être en accord profond avec toi-même. Fais
attention à toi, écoute la vie. Nous sommes ici
pour si peu de temps."

...

Tu es une source inépuisable d'histoires.
Tu es le trait d'union avec le passé.
Tu as vu, entendu et touché des choses qui ont
disparu avant que mes parents et moi n'étions là.
Tu es d'un univers à jamais perdu et qui t'était
aussi familier que le monde d'aujourd'hui l'est pour moi.
Tu me racontes et me donnes ta vie
comme un cadeau. J'en prendrai soin. Je le donnerai
à mes enfants qui le transmettront aux leurs.

...